N'OUBLIE PAS DE DANSER

J'ai tenté de joindre la mort cette nuit,
Elle m'a envoyée sur messagerie,
J'ai été hautement frustrée,
D'elle je veux désormais m'éloigner,
Elle ne me mérite pas,
Ce soir, je contacterai la joie.

La mort m'a envoyée sur les roses,
Elle m'a dit de calmer ma colère, de faire une pause,
J'ai alors ravalé mes larmes,
Ai fait de mon courroux une arme,
Aujourd'hui,
Je souris,
A pleines dents,
Je savoure la vie délicieusement.

La mort tant convoitée,
M'a cette nuit échappée,
Elle a eu peur en me voyant,
A pris tout de suite un autre tournant,
Je n'ai pas pu la séduire,
Alors je l'ai regardée s'évanouir.

Parfums délicieux et enivrants,
Saveurs sucrées d'antan,
Vous vous promenez sous mes narines,
J'envie en secret votre bonne mine,
Vous me rappelez mon enfance,
Aussi un peu mon insouciance,
Bercée d'illusions,
Ne connaissant pas les interrogations.

Elle dansait sous la pluie,
Se fichait de la nuit,
Qui venait de s'évanouir,
Et ainsi sur la ville s'ouvrir,
Elle dansait le cœur meurtri,
Les pas affaiblis,
L'esprit étourdi,
A s'en donner le tournis.

Tonnerre assourdissant,
Qui, en plein printemps,
Ose se déchaîner,
La ville torturer,
Tout ravager sur son passage,
Briser en deux les paysages,
N'a-t-il point de respect ?
Ce phénomène de la nature n'est pas en paix.

La vie me rejette,
Je lui ai écrit plusieurs lettres,
Pour tenter d'enterrer ma hache de guerre,
Qu'elle arrête d'être aussi fière,
Elle n'écoute rien,
Continue sans moi son chemin,
La mort ne m'accepte pas non plus,
Alors je n'ai pas d'autre issue,
Que de tenter de vivre,
Et de rendre la vie ivre.

J'ai voulu entamer une discussion,
Faire taire mes interrogations,
Qui traînent sans cesse dans mon esprit,
Qui font concurrence au sommeil de mes nuits,
Je t'ai alors parlé,
Puis rapidement désiré,
Avec toi la vie n'est plus la même,
Tout simplement, je t'aime.

Délicieusement gavée,
J'ai voulu tout envoyer valser,
Contre un mur la tête m'écraser,
La réalité m'a vite rattrapée,
Cette évidence même,
Je me suis souvenue que tu m'aimes,
Que tu avais besoin de moi pour nourrir notre amour,
Qui je le souhaite nous abritera toujours.

Je viens de perdre ma plume,
Mon seul et unique costume,
Elle s'est volatilisée,
De moi échappée,
Je tente de m'emparer d'elle,
Mais je suis une humaine sans ailes,
De loin, elle me nargue,
Je tente un jeu de drague,
Elle ne succombe pas,
Elle s'éloigne de mes pas.

Nature sauvage,
J'admire ton paysage,
La pluie te décoiffe,
Mais d'eau tu as encore soif,
Tu la réclames sans cesse,
Veux des regards, des caresses,
Tu brilles par ton infinie beauté,
Dans tes yeux, je ne peux que me régaler .

La folie m'embrasse,
Il est temps qu'elle passe,
Prisonnière de mes sentiments,
Cet amour pour toi n'est pas du vent,
Il me ravage de l'intérieur,
Le tout se traduit à l'extérieur,
J'enrage d'être loin de toi,
D'être ainsi privée de ta voix.

Je suis dans mon lit dévêtue,
Quand me reviendras-tu ?
Je me pose mille et une questions,
Je ne comprends pas bien tes intentions,
Tu me balades,
Me racontes des salades,
Me manipules,
Me prends pour une tête de mule,
Je n'en peux tout simplement plus,
Reviens-moi ou je me tue.

Un coup de fusil dans la nuit,
M'a éveillée, éblouie,
J'ai entendu hurler,
Mes yeux t'ont cherché,
Inquiets, surpris,
Par tant de bruit,
Ce violent éclat de verre,
Demeurera toujours un mystère,
Je l'ai entendu,
Mais pas vu,
A mes pieds je t'ai trouvé,
Tu étais mort, écroulé.
Ton visage blafard,
Je l'ai reconnu même en plein brouillard,
A tes côtés, je me suis installée,
J'avais du temps alors j'ai pleuré.

Tes baisers sauvagement distribués,
Sont des gourmandises hautement sucrées,
La douceur de tes gestes,
Ne me laisse pas en reste,
Toujours un mot, un regard,
Avec toi, je repars,
Le cœur heureux,
Et chanceux,
De t'avoir dans ma vie,
Invité à partager plus qu'une nuit.

Dans la pénombre,
Je devine une ombre,
Est-ce la tienne que je perçois ?
Est-ce toi que je vois ?
Tu me déshabilles du regard,
Et aussitôt tu repars,
De tels agissements sont inconsidérés,
Cesse de me manipuler,
De jouer avec mon flot d'émotions,
Qui trouve sa source dans ma tension.

Ma poitrine s'emballe rapidement,
Quand je suis au milieu de tous ces gens,
Je tente de deviner leurs intentions,
Je ne garde que des interrogations,
Que veulent-ils me dire ?
Dois-je vite m'enfuir ?
Leur voix criarde me fait peur,
Je vois s'échapper des couleurs,
Sombres, claires,
Je ne sais plus où se trouve la lumière,
Je tente de m'échapper,
De cette foule vite m'évader.
La foule s'approche de moi,
Je ressens tous ses pas,
Oppressants, agressifs pour certains,
L'envie de partir m'étreint,
Elle m'embrasse,
Délicatement m'enlace,
Ne me laisse pas repartir,
Je ne peux pas m'enfuir,
Je suis comme encerclée,
A demi piégée.

J'ai durement combattu,
Je me suis même perdue,
A désirer la mort,
A me vouloir ce triste sort,
Mais elle n'a pas voulu de ma présence,
Elle voulait que je continue cette danse,
Que j'entreprends avec la vie,
Cette partenaire aux multiples envies,
Il me faut la conquérir,
Pour qu'en pensant à moi, elle crève de désir.

Inondé par le désir,
Délicieusement tu soupires,
Je reconnais cette voix,
Ce n'est pas la première fois,
Que tu me parles,
Dévoré par des râles,
Que tu fonds sous ma main,
Tu étouffes un rire masculin,
Presque gêné,
Embarrassé,
Tu te retires,
Délicatement tu soupires,
Je souris,
A notre nuit.

Une partie de moi s'échappe,
Il faut que je la rattrape,
Que nous ne formions qu'une,
Une sorte de pleine lune,
Impossible à séparer,
Défendu de la couper,
J'ai soif de son amour,
Je le cherche depuis toujours,
Caché,
Dissimulé,
Telle une vérité,
Non souhaitée,
Cette partie me manque,
De moi elle se planque,
Elle m'observe de loin,
Je relâche le frein,
Pars la retrouver,
Avec elle m'échapper.

Cette nuit j'ai contacté la joie,
Au bout de deux sonneries, elle était avec moi,
Nous avons discuté,
Nous nous sommes désirées,
Avec sa fougue elle m'a embrassée,
Réceptive, je l'ai enlacée,
Les fous rires ont suivi,
Avec elle je me suis sentie en vie.

La tristesse m'habite,
Trop souvent elle m'abrite,
Je ne souhaite pas son parapluie,
Je veux danser seule sous la pluie,
Je n'ai pas besoin de couverture,
De cela, je suis hautement sûre,
Elle peut aller se rhabiller,
Son numéro je ne l'ai pas composé,
Fière, je n'ai même plus peur,
D'oser l'envoyer sur le répondeur.

Démolition,
Explosion,
Tu as osé frapper,
Venir de ta douleur m'agresser,
Tel un coup de fusil,
Donné en pleine nuit,
Voleur, tu as pris la fuite,
Maso, j'attends encore la suite,
Il te reste sûrement des cartouches,
Balance-les avant que je ne me couche.

Votre beauté hautement saisissante,
Sans cesse m'enchante,
Elle me transporte,
En vous regardant, je ne suis plus morte,
Je vis,
Souris à la vie,
La croque à pleine dents,
Mords tout simplement dedans,
Votre charme délicieux,
Me fait atteindre les cieux,
Je suis sur un nuage,
De là-haut, j'admire le paysage,
Rayonnant,
Enivrant,
Rien n'est plus pareil,
Je savoure cette merveille.

Un choc,
Quelque chose qui débloque,
Une porte qui se claque,
Un bonheur qui vous plaque,
Un regard non apprivoisé,
Vous implorez la mort comme jamais,
Votre âme est sens dessus dessous,
Vous vous dites : Bon sang, je suis où ?
Plein d'interrogations,
De suggestions,
A offrir à la vie,
Pour qu'elle vous dise enfin : oui.

Amitié souvent reniée,
Loin de moi elle courait,
J'étais hautement mal chaussée,
Je ne pouvais la rattraper,
Mes talons fatiguaient,
Mes pieds saignaient,
Je me suis soudain assise,
Mes paroles, vous les avez comprises,
Sans que mes mots ne traversent ma bouche,
D'habitude ceux-là je les couche,
Avec vous pas besoin de stylo,
Vous saisissez délicieusement mes maux.

Vous préférez vivre dans la peur,
Vous ignorez votre erreur,
Votre costume d'intolérance,
Face à ma différence,
Devrait regagner la benne à ordures,
Cessez de vous montrer si dur,
Les failles, les qualités aussi,
Font partie de la vie.

Les mots me défoulent avec délice,
J'ai trouvé en eux un complice,
Jamais rassasiée,
Toujours exaltée,
Je joue sans relâche,
Jamais les mots ne se fâchent,
Ils acceptent d'être bercés
Sauvagement domptés,
Je suis la maîtresse,
Impossible qu'ils me laissent.

J'ai cru faire une crise cardiaque,
Quand j'ai reçu ta claque,
Comment-as tu pu ?
Comment n'ai-je pas su ?
Que de moi tu te moquais ?
Pendant que l'amante tu embrassais ?
Tu la régalais de douceurs,
Allais jusqu'à nourrir ses ardeurs,
Elle n'en pouvait plus,
Et moi, je ne t'ai pas reconnu,
C'en est trop, je m'en vais,
Tes baisers, je te les remets.

Délicieuse hyperactivité,
Tu n'as de cesse de me faire créer,
D'inventer des personnages,
De colorer des paysages,
De donner la réplique,
A chaque fois face à toi, je m'applique
Je ne veux te décevoir,
Tu as en moi mis tous tes espoirs.

Étouffer l'émotion,
Sans répondre à ses questions,
La massacrer,
La tuer,
Ne plus lui laisser la moindre chance,
Elle n'est pas invitée à la danse,
La laisser sur le seuil,
Attendre que quelqu'un d'autre la cueille,
L'émotion trop forte,
Porte et transporte,
Mais elle peut nuire,
Voire détruire.

Gourmandise,
Sans cesse tu m'attises,
Me titilles,
Mes pupilles devant toi sautillent,
Je veux te dévorer,
Avec toi m'accoupler,
Faire l'amour pendant des heures,
Mais ne prends pas peur,
Je saurai te rendre ta liberté,
Pour que sans moi tu puisses exister.

Comme un coup tu m'as frappée,
Tu as voulu ma flamme assassiner,
Celle que je voue à l'écriture,
Celle qui me crie amour.
Je la hais,
Quand elle disparaît,
Veux sans cesse l'emprisonner,
La violenter,
Qu'elle revienne à de meilleurs sentiments,
Ceux de mes rêves d'enfant,
Je veux la battre,
Qu'elle finisse la jambe dans un plâtre,
Elle m'attise, elle me tue,
Sur moi, elle a toujours le dessus,
Devant un tel adversaire,
Je crie vite misère.

Plume indomptable,
Viens vite te mettre à table,
Que de toi je m'abreuve,
Je t'ai déjà adressé des preuves,
De ma flamme brûlante,
Allez viens vite, rentre,
Il fait si froid dehors,
Je devine ce froid dans ton petit corps,
Tout fébrile,
Loin d'être inutile,
Tu te promènes loin de moi,
T'enfuies quand tu entends mes pas,
Tu joues la difficile,
Moi je suis sans cesse sur le fil,
A te désirer,
Vouloir accueillir tes baisers,
Tu t'enfuis,
Loin dans la nuit,
Tu cours après le vent,
Moi jamais je ne te mens,
Reviens-moi vite,
Les plus belles choses sont écrites.

Tu m'as quittée un soir de décembre,
Cela aurait aussi pu être en septembre,
Pendant l'été indien,
Quand dehors la foule bat son plein,
Que le soleil est au zénith,
Que d'amour la ville abrite,
A notre relation tu as tourné les talons,
Tu es parti comme ça pauvre con,
Tu n'en connais même pas les raisons,
Tu me laisses la tête emplie d'interrogations,
J'ai marché pour te retrouver,
J'ai voulu te supplier,
Tu ne m'as pas regardée,
Tu m'as vite oubliée.

Amour surfait,
D'un coup tu disparais,
Tu avais égayé mes journées,
Les avais littéralement arrosées,
De plaisir,
De désir,
J'ai aujourd'hui perdu cette chance,
Quand vers toi je m'avance,
Tu me rejettes,
Me mets aux oubliettes,
Comme si l'amour ne nous avait jamais unis,
Comme si j'étais pour toi une ennemie,
Tu n'es plus qu'une silhouette,
Qu'à présent je guette.

Folie doucement incomprise,
Pourquoi a-t-il fallu que me tu me les brises ?
Chaque mot m'éloigne du monde,
Ma parole est pourtant féconde,
Je communique différemment,
Ne comprends pas toujours les gens,
Leur voix, leur visage,
Sont autant de messages,
Que je cherche à déchiffrer,
A rigoureusement analyser.

A la naissance j'ai failli étouffer,
Dans ton enveloppe, tu m'as protégée,
Tu t'empêchais même de dormir,
Tu voulais m'interdire de fuir,
De ce monde qui m'agresse,
Dans lequel je ne suis pas maîtresse,
Je n'y ai pas mes aises,
Non pas que je m'y complaise,
Mais vivre dans ma peau est difficile,
Je suis sans cesse sur le fil,
Alors tu me protèges,
Mon cœur parfois tu allèges,
Je n'ai pas toujours des mots gentils,
Ils sont sombres voire hautement noircis,
Mais il sont vrais,
Je ne trouve pas la paix,
Dans cette vie si tumultueuse,
Dont je ne suis pas amoureuse,
Tu me sauves de la noyade,
En me proposant des balades,
Touchée par l'agoraphobie,
Je tente quand même, je m'y plie,
Je veux vivre comme tu le fais,
Toi qui as côtoyé la mort de près,
J'espère un jour être à ta hauteur,
Et ne plus avoir peur.

Je ne me tuerai plus,
Je n'ai pas assez vécu,
Il me reste des choses à entreprendre,
Des rêves que l'on veut me vendre,
L'heure de la mort n'a pas encore sonné,
Je refuse de tout plaquer,
Sur un coup de tête,
Je préfère jouer les troubles fêtes,
Tenir tête aux idées noires,
Pour qu'elles ne reviennent plus le soir,
Avant de m'endormir,
Je rêve de les voir s' évanouir,
D'un coup d'épaule ,
Je les frôle,
Je les écrase,
Avec la vie, je suis désormais en phase .

Il court après le bonheur,
Mais périmée est son heure,
Il cherche désespérément,
La pluie en plein printemps,
Le soleil au milieu de l'hiver,
A chaque fois il se perd,
Ne trouve pas son chemin,
Tout lui semble loin,
La félicité,
Cette divine bonté,
Elle constitue sa quête quotidienne,
Sans elle, il n'est que pleurs et peines.

Peu réceptive à tes attentes,
Je t'ordonne d'arrêter tes demandes,
Incessantes,
Stressantes,
Mon amour tu ne l'auras pas,
Il file loin de tes pas,
A des kilomètres tu le vois,
Il n'est pas pour toi,
Il ne s'arrêtera pas en chemin,
Il court, il court, il est loin,
Tu ne l'emporteras pas,
Je le garde bien pour moi.

Elle danse à s'en fouler la cheville,
Ses pas délicieux enchantent la ville,
La recouvrent d'un beau voile,
Elle est la reine du bal,
Bal éphémère,
En pleine lumière,
Elle danse à n'en plus pouvoir,
Du matin au soir,
Assoiffée,
Possédée,
Elle ne s'arrête plus,
Illumine toutes les rues.

Un matin la douleur est là,
Tu veux l'abandonner mais elle se colle à toi,
Comme si tu étais son unique ami,
Que d'elle tu rêvais la nuit,
Elle ne vient te cueillir qu'au réveil,
Pendant que toi, tu espères des merveilles,
De cet univers,
A la fois noble et fier,
Tu te confonds en elle,
Tes larmes se récoltent à la pelle.

C'est une chose assez délicieuse,
D'être de toi autant amoureuse,
Au son de ta voix, je porte un sourire,
Bien présente, je ne veux plus quitter le navire,
Tu me portes dans mes rêves les plus fous,
S'il te plaît, continue, dessine-nous,
Efface notre passé ombrageux,
Ces épisodes tumultueux,
Ils ne sont plus désirés,
Ils font tache sur notre CV,
Notre présent a toutes les compétences,
Pour nous apporter multiples chances,
De conquérir un futur,
Au bonheur un peu plus sûr.

Tu m'as parlé de mariage,
As dessiné un beau paysage,
Je me suis vue avec ma robe toute belle,
Avançant doucement vers l'autel,
A ton bras,
Près de toi,
Je t'ai vu m'embrasser,
Tu m'as fait décoller,
Tu m'as passé la bague au doigt,
Le soir même tu t'es faufilé en moi.

Qu'importe la pluie,
Qu'importe le bruit,
La foule qui m'entoure,
Les oiseaux aux alentours,
J'affronte doucement mes peurs,
Oui, je veux qu'elles se meurent,
Lentement,
Assurément,
J'avance dans les rues,
Je refuse d'être perdue,
Je les domine,
Bien plus que je ne me l'imagine,
Tous ces visages,
Ces messages,
Incompris,
Ennemis,
Je tente de les décoder,
La traque à la peur est lancée.

Je ne veux pas que tu me quittes,
Dans mon cœur désormais tu habites,
Tu y as ton logis,
Je te veux pour mari,
Fonder un foyer avec toi,
T'élire de mes pensées le roi,
Tu as la clé de mon cœur,
Alors n'aie pas peur,
Que je regarde ailleurs,
Tu es dans l' erreur,
Notre amour en vaut la peine,
Tu es celui que par dessus tout j'aime.

Délicieusement habitée,
Par un sentiment jusque là étranger,
Une porte enfin s'ouvre,
Je me découvre,
Rayonnante,
Plus charmante,
Tu y es pour quelque chose,
Ne faisons aucune pause,
Dans cet amour qui nous nourrit,
Et qui avec joie nous lie à la vie.

Tu n'osais pas me dire,
Que pour moi de l'amour tu étais en train de nourrir,
Je t'ai vu avec un bouquet de fleurs,
Aux mille senteurs,
Toutes plus éclatantes les unes que les autres,
Je t'en prie, ne les offre pas à une autre,
Promis, j'en prendrai soin,
Ton amour est semblable au mien,
Il brûle par sa véracité,
Je ressens en moi de l'électricité,
Cette petite flamme,
Qui m'arrose l'âme,
D'un sentiment fort charmant,
Qui ne mourra pas dans le temps.

Allongés sur l'herbe,
Tu me régalais de ton verbe,
Si charmant,
Si envoûtant,
Ma main tu l' as prise,
J'étais alors sous ton emprise,
Impossible de m'en défaire,
Mais cela ne pouvait que me plaire,
Mon cœur aussi tu l' as saisi,
Avec ta douceur tu l'as compris,
Une sorte de dictionnaire invisible,
Nous étions l'un pour l'autre disponibles.

Au premier regard,
J'ai su qu'il était trop tard,
Pour faire marche arrière,
Avant toi j'étais en guerre,
Maintenant je respire,
Je m'exalte, je soupire,
J'offre mon sourire à fossette,
Je sais que de loin tu le guettes,
Tu l'attends,
Heureux, tu me le rends,
Tu m'envoies des baisers invisibles,
Mais polyglotte ils sont tous pour moi traduisibles,
Je les devine,
Je les imagine,
Je les savoure,
C'est peut-être cela l'amour.

Le soleil plonge dans la mer,
A l'horizon je le vois, il fait le fier,
Les nuages s'éloignent,
Partent trouver une autre compagne,
En pleine soirée,
Arrive soudain la clarté,
Cette scène pleine de charme,
Rapidement me désarme,
Je veux m'y fondre,
Dans ses bras me confondre,
Danser devant ce coucher de soleil,
Réveiller cette joie qui en moi sommeille.

Le banc des amoureux,
Celui des rares chanceux,
Accueille parfois des conflits,
Qui éclatent en pleine nuit,
Une maîtresse, un amant,
Là depuis bien trop longtemps,
Une trahison,
Qui laisse des points d'interrogation,
Au milieu du discours,
De véritables tue l'amour,
Des prises de bec,
Des casse-têtes,
Puis soudain,
Une main,
Qui se pose,
Tout devient moins morose,
Des gestes tendres,
Impossible alors de s'en défendre,
Le cœur battant,
Tout haletant,
Je dépose un baiser sur tes lèvres,
Et aussitôt revient la fièvre.

Le soleil plonge dans la mer,
A l'horizon je le vois, il fait le fier,
Les nuages s'éloignent,
Partent trouver une autre compagne,
En pleine soirée,
Arrive soudain la clarté,
Cette scène pleine de charme,
Rapidement me désarme,
Je veux m'y fondre,
Dans ses bras me confondre,
Danser devant ce coucher de soleil,
Réveiller cette joie qui en moi sommeille.

Flot de mots incompris,
De la vie tu te nourris,
Des expériences,
Des malchances,
Des bonheurs,
Qui ont raté leur heure,
Le train tu l'as manqué,
Tu es resté à quai,
Ton billet dans les mains,
Tu regardes filer le train,
Ce train à grande vitesse,
Sur ton visage la détresse,
Il n'y a pas de place pour toi,
Cesse de te conduire en roi.

Personnages,
Vous plaisez-vous dans ce paysage ?
Sombre, terni,
Il ne manque plus que la pluie ,
Les voix que je vous prête,
Tantôt fortes, tantôt fluettes,
Rencontrent-elles votre quête ?
Les sentiments que je vous donne,
Les mélodies que pour vous je fredonne,
Je vous dessine à ma façon,
Vous êtes mes créations,
Je tente de vous respecter,
Dans la mesure du possible ne pas vous malmener.

Rupture improvisée,
Tu as osé débarquer,
Tu as effacé mon sourire,
Tu l'as fait s'évanouir,
J'en ai presque perdu mon dentier,
Que mes dents n'ont jamais épousé,
Le choc,
A fait toc toc,
S'est infiltré,
Avec moi a voulu danser,
Je n'ai pas bien compris,
Même pas du tout saisi,
Dialogue de sourds,
Je ne cherchais pourtant que l'amour.

Personne ne nous attend,
On peut bien s'envoler avec le vent,
Ou bien aussi disparaître,
Le tout d'une traite,
Sans jamais revenir,
Entendre juste un soupir,
Une dernière onomatopée,
A demi propagée,
Dans l'air lourd,
Une dernière note d'amour,
A saisir à la volée,
Avant qu'à jamais elle ne puisse s'échapper.

Tant de projets avortés,
Piétinés,
De diverses semelles,
Rêves partis à la poubelle,
Je vous ramasse,
Pour vous, il y a de la place,
Vous devez vivre,
Je vais dans cette entreprise vous suivre,
Je vais vous porter,
Vers le sommet vous acheminer.

Désirs balayés d'un revers de main,
Promesses sans lendemain,
Dans la nuit tu t'égares,
N'allumes même pas les phares,
Ta vision m'est étrangère,
Triste et sombre affaire,
Je tente de te rattraper,
De moi, tu veux t'évader,
La liberté tu réclames,
Et moi, je t'acclame,
Je suis esclave de tes pensées,
Avec moi, tu ne fais que t'amuser,
Me promènes en chemin,
Je ne veux que te tenir la main,
Trop tard tu as filé,
La chance a tourné.

Tu promènes ta main sur mon corps,
Affamée, je dis encore,
Tes caresses,
Marques de tendresse,
Ricochent sur ma joue,
Puis le long de mon cou,
Tu descends,
Tu prends ton temps,
Rien ne presse,
Loin est ta maîtresse,
Elle n'en saura rien,
De mon amour semblable au tien.

Chagrin,
Du matin,
Je ne peux me lever,
Mon lit je ne veux quitter,
Le monde réel,
Tel quel,
Me fait peur,
M'induit en erreur,
Langages incompris,
Désirs inassouvis,
Frustration facilement gagnée,
J'aimerais tant te rejeter,
Tu m'habites,
Avec tendresse tu m'abrites,
Je refuse ton logis,
Quitte à rester sous la pluie.

Un billet d'avion refusé,
Comme un amour du paysage rayé,
Un train dans lequel tu ne monteras pas,
Sur le quai tu resteras,
A regarder,
Les heureux passagers,
Un flot de larmes tu verseras,
S'il te plaît, reviens-moi .

S'il faut que tu partes demain,
N'oublie pas de demander ma main,
Porte-moi à l'autel,
Qu'avec toi je me sente enfin belle,
Mon alliance autour du doigt,
Je n'appartiens qu'à toi,
Ne t'enfuis pas,
Reste-moi,
Nous avons un parcours à dessiner,
Une vie à tracer,
Une collection de bonheurs,
De somptueuses heures,
A vivre,
Je dois te suivre,
Dans cette destinée qui est la tienne,
Avançons, voyons où elle nous mène.

La fatigue me gagne,
D'un geste tendre m'empoigne,
Me ferme les paupières,
De son jeu, elle se sent fière,
Elle m'emprisonne,
De me laisser, je l'ordonne,
Elle n'écoute rien,
Ignore que d'elle je me plains,
Mes désirs,
Écrasés par des soupirs,
S'effondrent,
Comment as-tu pu me confondre ?

Le train du bonheur a filé trop vite,
Sur ma faim, j'attends encore la suite,
Que tu me la dessines,
De loin, je la devine,
Radieuse,
Amoureuse,
J'ai manqué mon heure,
J'en ai bien peur,
Je n'ai pas su te retenir,
De moi, tu ne cesses de fuir.

Tu es venu près de moi,
M'as dit: Je m'éloigne de toi,
Incomprise,
Cette phrase je ne l'ai pas admise,
Hors de propos,
Mal à propos,
Je l'ai refusée,
De colère, j'ai cherché à l'étouffer.

Rêve, suspends ton envol,
Qu'avec toi je m'envole,
Embarque-moi,
Ne me laisse pas,
Au seuil du plaisir,
Fais-moi frémir,
Rêve, brise cette distance,
A toi seul je pense,
Décoller avec toi,
Mon cœur est en émoi.

Insomnie d'une nuit,
Sais-tu à quel point tu me nuis?
Ta présence,
Qui dans mon esprit danse,
Est insoutenable,
A la limite du tolérable,
Je tente de te rejeter,
Plus forte, tu ne fais que m'agresser,
Tu secoues mes pensées,
Ne cesses de les agiter,
Quand te calmeras-tu ?
Quand repartiras-tu ?

Tu m'as chassée du décor,
J'ai dit: Encore,
Reviens-moi,
Ne t'en vas pas,
Tu as filé d'un battement de cil,
C'est trop facile,
Mes larmes s'échappent,
Je veux que tu les rattrapes,
Tu te conduis en égoïste,
Tu m'as chassée de la piste,
Sur laquelle nous dansions main dans la main,
Tu ne m'as pas offert de lendemain.

Un matin,
Café à la main,
Tu m'as rejetée,
Comme recalée,
J'ai cherché ton amour,
Pleine de bravoure,
J'ai des kilomètres parcouru,
Pour tenter de gommer mes bévues,
Je suis revenue pleine de blessures,
Tes refus m'ont fait l'effet de morsures,
Indélébiles,
A l'encre subtile,
Je t'ai longtemps cherché,
Puis subitement oublié.

© 2018, Laura Friedmann

Edition : Books on Demand,
12/14 rond-Point des Champs-Elysées, 75008 Paris
Impression : BoD - Books on Demand, Norderstedt, Allemagne
ISBN : 9782322108718
Dépôt légal : décembre 2018